Nathalie Chalifoux

# LA VIE SEXUELLE

## pour les 6 / 9 ans

Docteur Gilbert Tordjman

*Diplômé d'études de pédiatrie et de gynécologie*
*Président de l'Association mondiale de sexologie*
*Secrétaire général de la Société française de sexologie clinique*

et

Claude Morand

illustrations
de Catherine de Seabra

nathan

## L'heure des enfants...

Pierre et Juliette vont à la même école. Ils partent le matin, déjeunent à la cantine et rentrent seuls après l'école. Maman répète toujours la même chose : ne jamais se séparer, ne pas traîner en route, faire très attention aux voitures... C'est une lourde responsabilité pour un petit garçon, mais Pierre s'en tire bien. Sitôt arrivés à la maison, les enfants goûtent, puis jouent séparément ou ensemble, jusqu'au retour des parents.

Aujourd'hui, Juliette a envie de peindre. Elle installe son matériel et sa poupée préférée sur une chaise près de son petit bureau. Juliette patouille des peintures, avec les doigts, sur un grand bout de carton.
— Qu'est-ce qui te ferait plaisir ? dit-elle.
— A moi ? répond son frère.
— Mais non, pas à toi. A Dorothée.
— Tu parles encore à ta poupée ? Et elle te répond ? se moque Pierre.
— Dis donc, tu parles bien à tes voitures, toi !

Pierre, vexé, boude dans son coin. Il installe son circuit de petites voitures sur son bureau.

Ils jouent en silence un moment, puis :

— Non Dorothée ! s'écrie Juliette, je ne veux plus te peindre une maison ! Tu es trop grande... Je te fais un aquarium dans une forêt vierge. D'accord ?

— Vroum-Vroum ! Hourra ! crie Pierre. Je suis super-champion du rallye ! Je suis le meilleur !

— A qui tu dis ça ? demande perfidement sa petite sœur. A la grosse voiture jaune ? Tu es pire qu'un bébé...

— Quoi ? Un bébé, moi ?

Les deux enfants s'affrontent, l'air mauvais. Mais ils se calment tout aussi vite.

— J'ai fini, constate Juliette en admirant son œuvre. Viens voir ! C'est pour papa.

— Marrant ! Y'a de la couleur partout... On joue ensemble ?

— Oui. A quoi ?

— Ben... Je serais le papa...

— D'accord, et moi la maman. Elle aurait un enfant ?

— Ah non, laisse tomber ta poupée ! soupire Pierre.

— Ce serait quand ? Le matin ou le soir ?

— Le soir. On rentrerait du travail.

## Maman intervient

Juliette-maman entre dans la chambre et pousse des cris :

— Voulez-vous me faire le plaisir de ranger votre chambre ! Immédiatement ! Les vêtements, les cartables, les jouets... Et vite ! Où vous croyez-vous ? Dans un camping ?

Un peu plus tard, Pierre-papa revient du bureau. Il se laisse tomber sur le lit de Juliette, harassé.

— Du calme, vous tous, soupire-t-il, j'ai travaillé toute la journée...

— Moi aussi j'ai travaillé toute la journée ! proteste Juliette-maman. Mais c'est toujours moi qui dois gronder !

— C'est de ma faute si tes enfants sont désordonnés ? demande Pierre-papa.

— Mes enfants ? Mais, dis-donc, c'est aussi les tiens, non ?

Tandis que les enfants jouent, les parents ont poussé la porte de la chambre. Ils les écoutent un moment puis ils éclatent de rire.

— Bravo ! dit papa en applaudissant. Vous êtes d'excellents comédiens !

— Juliette, fais-moi plaisir, et range un peu la chambre, ma chérie, dit maman.

— Pourquoi moi ? Pierre ne range jamais ! Si c'est parce qu'il est un garçon, c'est pas juste !

— Tu as raison, avoue maman. Pierre, range la chambre avec Juliette.

— D'accord. Mais papa jouera aux dames avec moi, après ?

— Et moi ? dit Juliette.

— Toi ? Tu joueras à la poupée ! répond Pierre.

— Dis maman, pourquoi on décide que les filles doivent jouer à la poupée et pas grimper aux arbres comme les garçons ?

— Il n'y a pas de différence entre Pierre et toi, répond maman. J'ai vu Pierre jouer à la poupée, et je t'ai vue grimper aux arbres !

— Pourquoi les garçons sont toujours les plus forts ?

— Pourquoi dis-tu cela ?

— Ce sont toujours les hommes qui font les métiers les plus dangereux ! s'exclame Juliette. Ils sont soldats, policiers, pompiers...

— Il y a de plus en plus de femmes qui font des métiers dangereux ou difficiles.

Aujourd'hui, on cherche à donner autant de chances aux filles qu'aux garçons. Tu as même vu une Américaine astronaute, à la télévision ! Le plus grand et le plus musclé n'est pas toujours le plus fort !

— C'est qui alors ?

— C'est l'individu, homme ou femme, le plus intelligent, le plus compétent, le plus sensible...

Soudain, maman jette un coup d'œil à sa montre et dit :

— Il est tard. A la douche, les enfants !

— On peut prendre la douche ensemble ? demande Juliette.

— Oui, bien sûr, à condition de ne pas inonder la salle de bains !

— Et pas de dispute ! ajoute papa.

— Papa ! crie Pierre. Juliette me pince les fesses !

— Maman ! Il fait pipi sous la douche ! C'est dégoûtant !

— Tu dis ça parce que tu ne peux pas faire pipi comme moi, jalouse ! Regarde-moi. Je vais essayer d'aller jusqu'au lavabo !

— C'est malin ! Moi aussi je pourrais le faire si j'avais un robinet !

— Oui mais tu n'en as pas ! répond Pierre, ravi. Tu n'as qu'un petit trou !

— Plus tard j'aurai de la poitrine comme maman. Pas toi !

Et par défi, Juliette effleure, du dos de la main, le sexe de son frère. En représailles, le garçon lui pince le bout des seins... Maman, entrant dans la salle de bains, a vu la scène.

— Vous avez fini ? dit-elle tranquillement. Allez hop ! Au lit ! Vous pouvez lire un quart d'heure.

— On faisait rien de mal... dit Pierre, gêné.

— Bien sûr que non... Mais papa et moi, nous avons aussi envie de passer une soirée ensemble...

— Vous allez nous boucler dans notre chambre pour être tranquilles tous les deux, sans nous ! crie Juliette.

— Ecoute, Juliette... soupire maman, tu ne vas pas faire un caprice comme hier ? Nous allons tous dormir dans nos chambres, et demain, nous nous retrouverons pour prendre le petit déjeuner. Alors fais-moi vite une bise. Toi aussi, Pierrot. Bonne nuit, mes chéris.

## Avant d'aller au lit...

Maman est partie rejoindre papa dans le salon et Juliette s'est enfermée dans le cabinet de toilette, pour se laver les dents. Elle se regarde longuement dans la glace en se racontant pour elle toute seule une histoire triste.

— Et si mes parents ne m'aimaient plus ? Ou s'ils disparaissaient dans la nuit ? Et s'ils n'étaient plus là le lendemain ? Et s'ils tombaient malades tous les deux ?

Juliette se raconte souvent des histoires — comme celles des contes de fée — où elle est perdue, abandonnée. Parfois, elle en rêve. Elle se réveille en pleine nuit, en larmes, et court se réfugier dans le lit de ses parents. Papa rassure sa petite fille et la prend dans ses bras pour la reporter dans son lit. Il reste un moment près d'elle. Il lui chuchote à l'oreille « je t'aime, ma Juju ». Juliette s'endort de nouveau, pensant « ouh que c'est bon un papa ! ».

Mais il ne faut pas exagérer. L'autre nuit, Juliette s'en souvient, papa a dit :

— Encore une petite fille perdue ? Et si ton frère faisait comme toi ? Tu te rends

compte ? On ne pourrait plus vivre, maman et moi ! C'était un petit cauchemar, allez, va vite te recoucher toute seule, comme une grande !

Et Juliette a obéi tout en se demandant quelle était donc la vie de papa et maman, en dehors d'elle et de Pierre. « Que font-ils, sans nous ? »

Juliette quitte le cabinet de toilette après s'être fait une grosse grimace dans la glace.

Elle a retrouvé sa bonne humeur et dit à Pierre :

— On joue un peu avant de dormir ?

— D'accord. On joue comme dans les films !

Juliette saute dans le lit de son frère. Il vient s'étendre contre elle. Les deux enfants gloussent de rire. Pierre se penche sur Juliette pour la regarder de tout près. Nez à nez, ils poussent de petits gémissements…

— Bonne nuit, ma Juliette adorée ! soupire Pierre.

— Bonne nuit, mon Pierre chéri ! répond Juliette.

Ils étouffent un dernier fou rire et Juliette regagne son lit. Elle attrape au passage son lapin en peluche qu'elle serre contre elle en lui suçant les oreilles. Elle s'endort très vite, un coin de la couverture serré dans son poing.

Pierre éteint sa lampe mais ne s'endort pas tout de suite. Dans le noir, il continue de jouer, comme dans un film dont il serait le héros. Il s'imagine en chasseur africain, un fusil braqué sur un terrible lion ! Mais ses paupières se ferment. Le lion et l'Afrique disparaissent.

Il ne reste plus qu'un petit garçon plongé dans le sommeil. Machinalement, il s'est caressé le sexe et s'est endormi en le tenant entre ses doigts.

## Pierre et maman...

Pierre fait souvent le même rêve, et quand il lui arrive de s'en souvenir, il le chasse vite pour l'oublier. Pierre ne comprend pas son rêve qui, au réveil, lui procure toujours un sentiment de gêne inexplicable. Pourquoi ? Dans son rêve, il est tout petit, dans une chambre inconnue. Sa maman est allongée sur un grand lit. Elle est toute nue et joue avec lui. Il se couche sur elle, la tête posée entre ses seins. Il éprouve à la fois du bonheur, du plaisir et la paix totale. Tout cela à la fois.

Puis une autre image arrive. Pierre est grand comme il l'est aujourd'hui. Il est encore avec maman, dans la baignoire cette fois-ci. Maman le lave comme un bébé, en passant bien sa main partout. Elle rit et répète « il faut que tout soit bien propre ! » Une autre image chasse celle-là : Pierre est à

nouveau dans le lit de maman, mais il n'est plus seul. Papa est là aussi, et le rêve n'est plus agréable du tout !

Papa fronce les sourcils et prend sa grosse voix pour dire :

— Que fais-tu dans mon lit, dans ma chambre ?

Pierre s'agite dans son lit. Il a chaud. Il a mal au cœur. Il se retourne brutalement. Dans son rêve, il voit encore le visage de maman qui remplit toute la chambre. Cela peut devenir un cauchemar, mais non : le petit garçon plonge dans la jungle, accroché à une liane. Il est devenu Tarzan !

## Les rêves de Juliette

Juliette est différente de son frère. Elle, elle rêve toute la journée. Elle est « dans la lune », comme dit maman.

— Juliette ? A quoi penses-tu, ma douce ?

— A rien, maman...

La question de maman et la réponse de Juliette reviennent souvent. Car c'est très difficile pour une petite fille d'avouer que l'on pense à papa... Que l'on échafaude des plans pour écarter sa maman afin de rester seule, toute seule avec lui ! Car enfin, comment se séparer de maman pour accaparer tout l'amour de papa ? Quand elle y pense, Juliette est troublée, car elle l'aime et elle l'admire très fort, sa maman... Elle la trouve aussi plus belle que les mamans de ses petits camarades ! Elle sait bien que d'un regard tendre, elle peut faire fondre « sa petite » comme un sucre dans du lait chaud.

Papa, c'est autre chose. Juliette sait très bien comment obtenir de lui tout ce qu'elle veut. Elle lui fait du charme pour rester seule avec lui. Papa ne proteste jamais et ça se termine toujours par un câlin. Il la prend sur ses genoux, lui parle à l'oreille en lui mordillant les lobes. Elle choisit ces moments-là pour lui demander tout ce qu'elle désire : une promenade ou un jeu, en tête à tête... Il rit et dit oui.

Quand elle lui montre son cahier d'écriture, il pousse des oh et des ah de satisfaction ! Il compare les premières pages avec la suite. Il dit qu'il est fière d'elle. C'est très facile alors de faire des progrès pour plaire à papa !

« Quand je serai grande, je me marierai avec papa », pense Juliette. Mais comment épouser son papa ? Juliette ne le sait pas. Elle sait seulement qu'elle aime tout de lui : ses yeux, sa voix, son sourire, ses mains, son odeur, ses cheveux !

Quand il se rase, elle traîne toujours dans la salle de bains, pour le regarder faire. Pourquoi ? Pour être la première à l'embrasser sur ses joues fraîchement rasées... C'est elle qui lui offre son eau de toilette, avec l'argent que lui donne maman, mais comment faire autrement ? Plus tard, elle travaillera pour gagner sa vie. Plus tard, elle n'aura plus besoin de l'argent de maman pour faire plaisir à papa...

Plus tard ? Mais quand ?

## La rivalité

Papa ou maman viennent parfois réveiller les enfants, le matin. Mais depuis quelque temps, ils sont tirés du sommeil par la sonnerie du réveil. Pierre tend un bras vengeur pour l'arrêter, puis il se met la tête sous l'oreiller... Juliette murmure :

— Pierre ? Ne te rendors pas ! Il y a l'école !

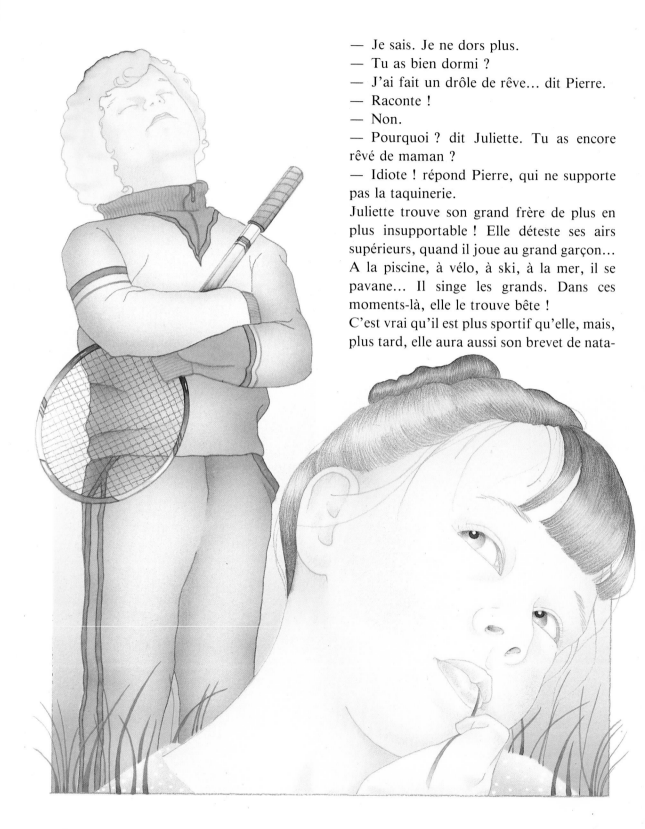

— Je sais. Je ne dors plus.

— Tu as bien dormi ?

— J'ai fait un drôle de rêve… dit Pierre.

— Raconte !

— Non.

— Pourquoi ? dit Juliette. Tu as encore rêvé de maman ?

— Idiote ! répond Pierre, qui ne supporte pas la taquinerie.

Juliette trouve son grand frère de plus en plus insupportable ! Elle déteste ses airs supérieurs, quand il joue au grand garçon… A la piscine, à vélo, à ski, à la mer, il se pavane… Il singe les grands. Dans ces moments-là, elle le trouve bête !

C'est vrai qu'il est plus sportif qu'elle, mais, plus tard, elle aura aussi son brevet de natation. Comme dit maman, les filles sont capables de faire tout comme les garçons, c'est prouvé !

— Pierre ? Tu boudes ? murmure Juliette. Pierre ne répond pas et, tout à coup, Juliette pense qu'il a aussi ses bons côtés, ce frère... Elle se souvient de son opération de l'appendicite, l'année dernière. Sans lui, elle se serait ennuyée, à l'hôpital. Mais il est venu tous les jours, il lui a prêté ses albums de bandes dessinées, il lui a appris à jouer aux dés... Il était aussi gentil que papa. Quelle surprise !

## Maman attend un bébé ?

Pierre sort sa tête de l'oreiller. Il ne boude plus. Il a même oublié qu'il était fâché. Juliette lui sourit doucement et pousse un gros soupir...
Elle brûle de lui poser une question depuis le jour où maman a dit :

— Ça vous ferait plaisir si j'avais un bébé ? De saisissement, les deux enfants n'ont su quoi répondre. Ils ont hoché la tête et c'est tout. Et depuis, maman n'en a pas reparlé... Juliette soupire à nouveau.

— Qu'est-ce que tu as ? dit Pierre.

— Dis... Tu crois que c'est vrai ? Maman va avoir un nouveau bébé ?

— Maman ne ment jamais, tu le sais bien ! Juliette cligne des yeux très vite, plusieurs fois de suite.

— Arrête ! dit Pierre. Je déteste quand tu fais ça ! Tu es en train d'attraper un tic, tique-tique-tique !

— Je n'y peux rien... souffle Juliette, et puis... ce n'est pas tout... ajoute-t-elle, fondant en larmes.

— Qu'est-ce que tu as encore ?
Pierre lui passe son mouchoir et soudain, il devine la raison de ces sanglots.

— Tu as encore fait pipi au lit ? C'est pour ça que tu pleures ?

— Quelques gouttes, dit Juliette dont les sanglots redoublent. Je rêve que je suis dans la salle de bains... et... voilà !

— Mouche-toi et cesse de pleurnicher pour un rien !

— Méchant !
Juliette ravale ses larmes et serre les poings. Après tout, pense-t-elle, ce bébé ne peut être pire que ce frère... Oui, mais papa et maman ont l'habitude des bébés, pas nous. Ils vont s'en occuper tout le temps... Ils vont l'aimer plus que nous... Peut-être que les parents ne s'amusent plus avec nous ? Peut-être que c'est pour ça qu'ils veulent un nouveau bébé ? Pour jouer tranquillement avec, tous les deux ?

Juliette se passe de l'eau fraîche sur les yeux avant d'aller prendre son petit déjeuner en famille.

— Tu as pleuré ? demande papa.

— Elle s'est cognée ! répond Pierre.

Juliette lui lance un regard noir. Elle prend la bouteille de lait et se met à boire au goulot.

Pierre éclate :

— Tu ne veux pas une tétine, en plus ? Ce n'est pas un bébé qu'on va avoir sur les bras, c'est deux !

## Des questions plein la tête...

Fâchés, les enfants sont partis pour l'école sans desserrer les dents, sous le regard étonné des parents.

Mais au retour, ils ont une fois de plus oublié leur querelle, et Juliette ne peut s'empêcher d'interroger son grand frère.

— Je sais que les enfants poussent dans le ventre, mais comment sortent-ils ?

— Par une ouverture spéciale...

— Où ? Maman va aller à l'hôpital et on va lui ouvrir le ventre !

— T'es pas folle ?

— On ne va pas l'opérer ?

— Non. Le bébé connaît une porte de sortie.

— Laquelle ?

— Le nombril, je crois.

— Le nombril ? C'est un trou bouché !

— Eh bien, par un autre trou alors !

— Lequel ?

— On a plein de trous ! dit Pierre qui s'énerve.

— La bouche, les oreilles, les narines, et puis le trou du derrière... énumère Juliette, très calme.

Tous deux méditent un moment en silence. Pierre élimine dans sa tête, la bouche, les narines et les oreilles. Reste l'autre trou, ou alors une ouverture inconnue ?

— Tu sais ce qu'il m'a dit, Renaud ? Que les enfants naissent à partir d'une graine... Une graine que l'on met dans la bouche de la mère.

— Isabelle ne dit pas ça. Elle dit que le bébé dort dans l'estomac. Il a toujours la bouche ouverte pour manger tout ce que la maman avale.

Juliette est plus angoissée que son frère par la naissance de bébé. Elle craint par-dessus tout que maman soit blessée au moment de l'accouchement. C'est pourquoi, chacun de leur côté, les enfants interrogent leurs camarades. Mais qui croire ?

Après leur départ, les parents, restés seuls, s'interrogent eux aussi.

Pourquoi Juliette est-elle si nerveuse ?

Pourquoi Pierre est-il si agressif ?

— Ils se sont encore disputés ? demande papa.

— Apparemment, dit maman, mais j'ignore pourquoi. Ils ont plein de secrets depuis quelque temps.

— Ils t'ont posé des questions au sujet du bébé ?

— Aucune et je trouve ça bizarre. J'attendais leurs questions pour tout leur expliquer. Rien ne vient. C'est peut-être de la timidité. Ou de la pudeur ?

— Tu oublies leur sacrée curiosité ! La télévision, le téléphone, la radio, la voiture... les « dis, comment ça marche, papa ? » Et pourquoi les étoiles, la foudre, la lune et la marée ? Et comment bat mon cœur ? dit papa d'une voix pointue en imitant ses enfants.

— Tout semble les intéresser sauf leur corps. A moins qu'ils ne cachent leur curiosité ? dit maman.

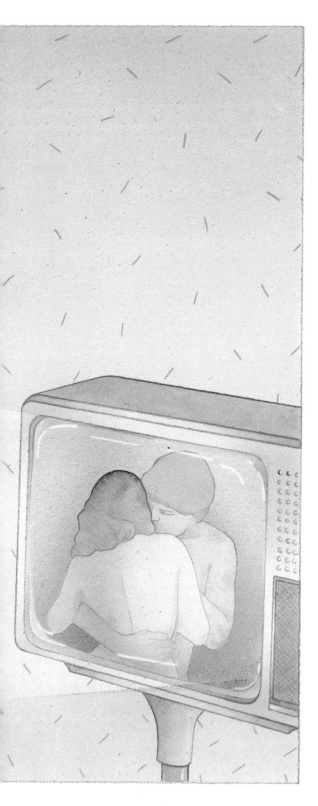

— On dirait qu'ils sont inquiets...

— Oui, comme s'ils sentaient un danger. Tu sais, nous devrions leur parler.

— En posant les questions à leur place ? Tu crois qu'ils sont intéressés par cette naissance ?

— Pas seulement la naissance, mais l'amour, leur sexualité, la nôtre, tout... Tu as déjà oublié que tu as été un enfant ? dit maman, tout aussi taquine que Juliette.

— A la première occasion, on leur dit tout !

— Je veux aussi leur faire plaisir, les rendre heureux. J'ai une idée ! s'écrie maman. Nous allons organiser un goûter pour qu'ils invitent leurs amis.

Au retour de l'école, Juliette et Pierre sautent de joie en apprenant la surprise de maman : un goûter avec tous les copains ! Ils se précipitent au téléphone pour lancer leurs invitations.

Mais Juliette a un problème. Elle ne veut pas inviter le fils des voisins et sa maman s'en étonne.

— Tu t'es fâchée avec François ?

Juliette n'ose pas dire la vérité à maman. Mais l'autre soir, dans l'escalier, il a ouvert sa braguette en disant : « Tu veux le voir ? » Juliette a dit « non ! » et s'est sauvée. Et maintenant, elle a peur de François...

— Il ne va pas à la même école que nous... ment-elle, en baissant les yeux.

De son côté, Pierre hésite à inviter Renaud. Il redoute ses « gros mots » et ses plaisanteries sur les scènes d'amour dans les films qu'il regarde à la télévision... Quant aux images de couples enlacés qui s'embrassent et se caressent, Pierre s'avoue qu'elles le troublent, tout comme Renaud, mais il n'en

parle pas. Il pense secrètement que papa et maman font sans doute comme ces vedettes de cinéma, quand ils sont seuls. Il se demande aussi s'il y a un rapport entre ces baisers, ces caresses, ces soupirs, et la naissance des bébés. Un jour, il aura le courage de poser la question à papa. Mais quand ? Après avoir réfléchi, Pierre se décide à inviter Renaud, en espérant qu'ils se tiendra mieux au goûter qu'à la récré !

## Et si on se mariait ?

C'est le samedi tant attendu. Juliette et Pierre accueillent leurs amis. Ils ont entre cinq et dix ans et quatre d'entre eux viennent de pays étrangers.

Les parents ont abandonné la salle de séjour aux enfants. Ils se sont repliés dans la cuisine pour préparer le goûter. Papa est chef cuisinier et maman maître-d'hôtel...

Juliette a invité son petit copain d'école maternelle, Cyril, Lili et Isabelle. Celle-ci est venue avec une jupe neuve. Elle se fait admirer, virevoltant sur la pointe des pieds pour que l'on voit son jupon... Les copains de Pierre, David, Ahmed et Renaud sifflent, comme ils ont vu faire aux grands dans la rue... Isabelle est ravie :

— Qui veut se marier avec moi ?

— Moi ! dit Renaud.

— Tu ne peux pas, tu as déjà promis de te marier avec ta cousine !

— Ben... Je divorcerai ! Mes parents l'ont bien fait !

— Pour se marier, dit Cyril, il faut avoir des poils ! C'est mon frère qui me l'a dit...

— Des poils ! explose Renaud. Y a pas que ça ! Pour se marier, il faut être grand, surtout.

— Grande comme moi ? demande Isabelle.

— Beaucoup plus grande ! T'as même pas de poitrine ! lance Renaud.

— On peut se fiancer en attendant, répond Isabelle, provocante...

— C'est défendu ! dit David.

— Froussard ! Moi, si je veux, je peux me fiancer et faire des enfants, ajoute Renaud, toujours vantard...

— Comment tu peux faire des enfants ? dit Ahmed.

— Avec ça, pardi ! répond Renaud en posant sa main à un endroit bien précis.

Juliette fronce les sourcils. Elle se souvient du geste de François dans l'escalier.

— Vous faites les fiers, jette Isabelle aux garçons, mais si on vous donne un coup de pied « là », vous vous mettez à crier ! C'est si fragile que ça, votre petit machin ?

— Celui de David est coupé ! crie Renaud en riant.

— Coupé ? Comme celui de mon chat ? dit Lili très étonnée.

— Pas vrai ! répond David, outré. Moi, je suis circoncis !

— Moi aussi, dit Ahmed.

— Moi aussi, dit Cyril.

— Tout ça, on s'en fiche, nous les filles ! tranche Isabelle qui ne comprend pas le mot « circoncis » (tout comme Juliette et Lili). Mais si on s'embrasse sur la bouche, avec la langue, on aura tous des bébés !

— C'est sale... murmure Lili.

— C'est dégoûtant ! crie Juliette, prête à fondre en larmes, de colère et de gêne.

— Ça y est ! Elle va encore pleurnicher... dit Pierre.

— Laissons-la ! C'est rien qu'une fille ! dit Renaud.

## Et si on parlait de l'amour ?

A ce moment, maman entre dans la pièce, portant un plateau couvert de gâteaux... Elle voit les enfants qui s'affrontent.

— Renaud, dit maman, ça veut dire quoi « rien qu'une fille » ?

Surpris, les enfants lorgnent les gâteaux sans oser répondre. Renaud, le fanfaron, n'est plus qu'un petit garçon tout rouge...

— Euh... Une fille, c'est pas comme nous...

— Pourquoi ? demande papa, qui apporte un énorme pot de chocolat.

— Un garçon, c'est fort, ça ne pleure pas tout le temps, et puis...

— Et puis ?

— C'est pas fait pareil !

— D'accord, dit papa en souriant. Vous savez que vous êtes différents mais vous vous racontez plein de choses fausses ! Pourquoi ne demandez-vous pas des explications à vos parents ?

Les enfants retrouvent leur naturel devant ce papa et cette maman qui leur servent de grosses tranches de gâteau et des bols de chocolat...

— Moi, dit Isabelle, j'ai peur de me faire gronder !

— Moi, j'ai peur que mon père se moque de moi... avoue Renaud.

— Et moi, dit Lili, j'ai peur que maman en parle à papa !

— Mais alors, vous avez tous peur de parler de l'amour avec vos parents ? dit maman, en regardant Juliette et Pierre.

— Et si vos parents, eux aussi, avaient un peu peur de parler de tout ça avec vous ? dit papa.

Les enfants éclatent de rire. Ils n'ont jamais envisagé cette possibilité, mais cette idée va faire son chemin... Filles et garçons se réconcilient devant les gâteaux. Mais étaient-ils vraiment fâchés ? Les parents s'éclipsent dans la cuisine pour laisser les enfants seuls, entre eux.

— Bravo pour tes excellents conseils ! se moque maman. Quand vas-tu leur montrer que tu as moins peur qu'eux ?

— Le plus tôt possible ! dit papa. Mais ne me laisse pas seul face à Juju et Pierrot !

— Tu vois que tu as un peu peur... C'était l'occasion que nous cherchions, pas question maintenant de nous dérober !

## Aimons notre corps...

Le lendemain, c'est dimanche. Le déjeuner est terminé. Toute la famille est réunie dans la salle de séjour. Dehors, il pleut : un temps rêvé pour se parler à cœur ouvert. Papa et maman sont assis dans les gros fauteuils. Ils ont des feuillets de papier sur les genoux. Pierre et Juliette sont assis sur le tapis, tout près d'eux.

C'est Juliette, pourtant la plus timide, qui demande :

— Dis maman, quand vas-tu avoir le bébé ?

— Juste avant les vacances, ma chérie.

— Tu le sens dans ton ventre ? Pourtant tu n'as pas de gros ventre !

— Avant de leur expliquer comment le bébé se développe, je crois qu'il faut commencer par une leçon d'anatomie, dit papa.

— Par qui commençons-nous ? Par le corps du garçon ou de la fille ? demande maman à Juliette.

— Du garçon.

— Je vous préviens, dit papa, je vais toujours employer le mot juste, et pas les mots d'argot que vous utilisez entre vous...

Le sexe d'un garçon s'appelle le pénis ou la verge. A la naissance, le pénis du bébé-

garçon est petit et recouvert d'un bout de chair, le prépuce.

— Dans beaucoup de pays, on coupe ce petit bout de chair, ajoute maman, cela s'appelle la circoncision.

— C'est ce qu'on a coupé à Cyril, Ahmed et David ?

— Oui. C'est la coutume depuis toujours dans le pays de Cyril. La religion musul-mane d'Ahmed ou juive de David obligent leurs parents à le faire, dit papa.

— C'est une question de coutume, de tradi-tion, vous savez, ajoute maman, il ne faut pas s'en étonner. La circoncision est la plus ancienne opération pratiquée au monde, depuis celle qui consiste à couper le cordon ombilical quand le bébé sort du ventre de sa maman.

Quand les poils apparaissent au bas du ventre
le petit garçon commence à se transformer en homme...

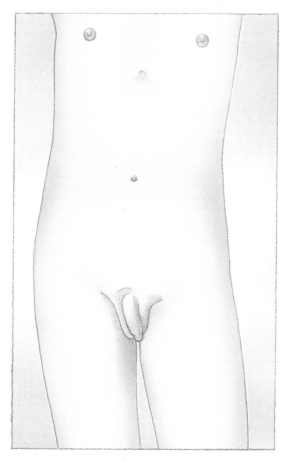 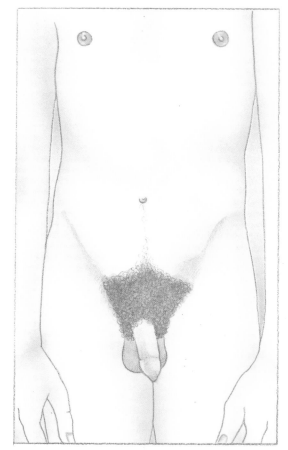

Maman prend la première des feuilles de papier qui sont sur ses genoux.

— Regardez ce dessin : dès la naissance, le garçon a deux petits sacs, sous le pénis. C'est le scrotum qui contient deux petites billes, les testicules.

— Renaud a raison, dit Pierre, les filles n'ont rien. Juste une fente...

— C'est la vulve. Il y a beaucoup moins de mots d'argot pour désigner le sexe des filles. Mais regardez bien, ajoute maman. A l'intérieur de son ventre, le bébé-fille possède déjà des organes très importants : les ovaires, les trompes, l'utérus. Ce sont les organes génitaux des filles, ceux qui lui permettront plus tard d'avoir des enfants.

— Mais la fille n'aura jamais de pénis ! s'écrie Pierre.

— Non, la fille n'aura jamais de pénis, mais elle a un clitoris.

A ce mot inconnu, les enfants ouvrent de grands yeux.

— Un clitoris ? Ça sert à quoi ? demande Pierre. Et où c'est ?

— Là, c'est un petit bouton caché dans la vulve, tout en haut. Le clitoris est aussi sensible que le pénis, quand on le touche.

— Les filles font pipi avec le clitoris ? dit Pierre stupéfait.

... et la petite fille en femme.

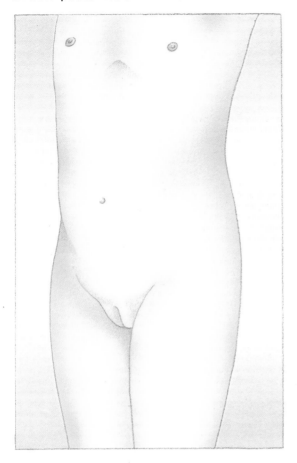 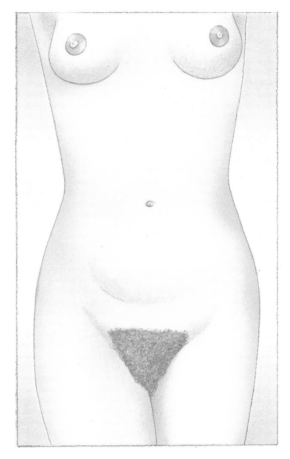

— Mais non ! s'écrie papa, amusé. Le clitoris, si on le caresse, procure du plaisir au bébé-fille, à la petite fille ou à la femme. Exactement comme lorsque le garçon ou l'homme caresse son pénis. Vous faites — comme tous les enfants — une confusion entre les organes génitaux et ceux qui servent à faire pipi ou caca. Bien sûr, le garçon fait pipi et plus tard il fera des enfants avec son pénis. Quant à la fille, elle possède un orifice pour faire pipi, mais elle en a aussi un autre : le vagin. Il est placé entre l'urètre et l'anus. L'urètre et l'anus sont les deux orifices qui servent à rejeter nos excréments, chez la fille comme chez le garçon.

— J'ai compris, dit Pierre. Si je fais pipi, je ne peux pas faire d'enfant.

— C'est ça ! dit papa en riant. On ne peut pas faire les deux à la fois !

Mais avant de vous expliquer ce qu'est le sperme, ce qu'on appelle l'éjaculation, regardez : voici le dessin de deux adolescents. C'est vous plus tard.

— Vous allez grandir de partout ! Vous aurez des poils là, là et là. Juliette aura des seins, comme maman...

— Alors papa, demande Pierre avec impatience, cette éjaculation, tu nous l'expliques ? C'est pour avoir des enfants ?

Au moment où il désire faire l'amour, l'homme a son pénis qui se soulève et durcit. On dit qu'il est en érection.

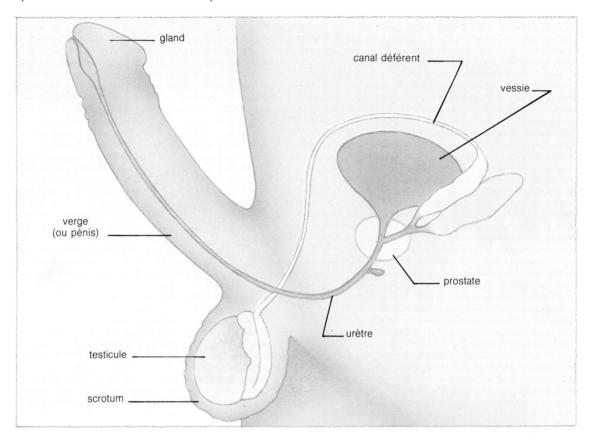

## Des mots un peu compliqués

Papa et maman contemplent tendrement leurs enfants. Ils pensent tous deux la même chose : ce n'est pas très facile de tout leur expliquer, comme ça, d'un seul coup. Mais, au fil des jours, ils y reviendront. Ce qui compte aujourd'hui, c'est d'avoir commencé à parler.

— Soyez attentifs, dit papa, parce que je vais vous raconter une histoire très mystérieuse... Vous êtes nés parce que nous nous sommes aimés, maman et moi. Et c'est la même chose pour tous les êtres vivants. Mais il y a une autre « rencontre » qui a permis la fabrication d'un bébé. C'est la rencontre d'un petit œuf, que porte la maman dans son ventre, avec une petite graine, que porte le papa, le spermatozoïde.

— Le quoi ? demandent en chœur Pierre et Juliette. Les parents éclatent de rire.

— C'est un mot un peu compliqué, dit maman, mais votre papa va vous l'expliquer très bien. Avant, je vais vous parler du petit œuf. On l'appelle un ovule. Je suis une femme, donc je possède des ovules, pas plus gros que des têtes d'épingles, et ces ovules se trouvent dans deux espèces de sacs qui s'appellent les ovaires.

— Une fois, chaque mois, un ovule s'échappe d'un ovaire. On appelle ça l'ovulation.

— Et moi, dit papa, je possède deux testicules. Dedans, il y a des graines qui se trans-

Les organes sexuels de la femme : la fécondation ou la rencontre
du spermatozoïde et de l'ovule... neuf mois avant la naissance du bébé.

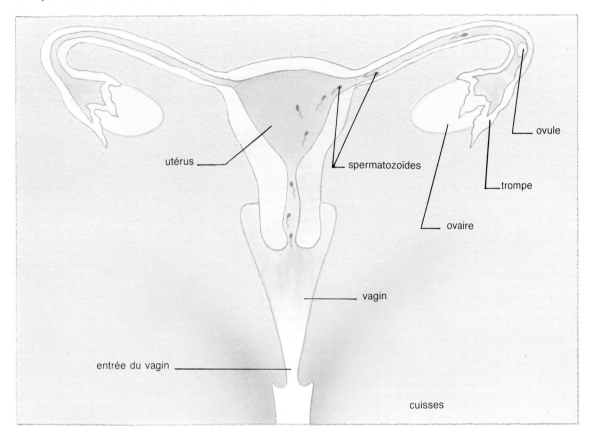

forment en spermatozoïdes. Vous voyez sur ce dessin, ils ressemblent à de minuscules têtards ! Mais ils sont invisibles à l'œil nu. La rencontre d'un spermatozoïde avec un ovule s'appelle la fécondation. On dit que l'œuf est fécondé quand la femme n'a plus ses règles, le mois suivant.

— Les règles ? Quelles règles ? demande Juliette qui connaît bien le mot, mais ne voit pas le rapport avec la règle qui est dans son cartable.

— Attends ma chérie, dit maman. Je te l'expliquerai tout à l'heure. Pour l'instant, nous en sommes...

— Au bébé, interrompt Juliette qui n'aime pas attendre. Je ne comprends pas par où il commence, le bébé !

— Regarde, il commence là, dans l'utérus. Au début l'ovule fécondé est seulement un point. Puis il grossit comme un pois, puis comme un abricot. C'est ainsi que commence le bébé...

— Mais comment le spermatozoïde peut-il rencontrer le petit œuf, dans le ventre de maman ?

— Pour faire un enfant, dit maman, il faut faire l'amour.

## Une histoire d'amour

Pierre et Juliette se jettent un coup d'œil ravi. Enfin, la grande question ! Celle qu'ils se sont si souvent posée ! Ils vont enfin savoir comment on fait l'amour...

23

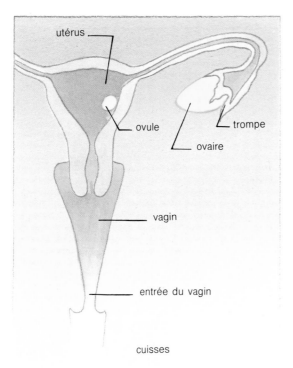

utérus

ovule

trompe

ovaire

vagin

entrée du vagin

cuisses

L'ovule, fécondé par le spermatozoïde,
s'est fixé à l'intérieur de l'utérus où
il se développera jusqu'à la naissance.

— Tout d'abord, je dois encore vous raconter une histoire, une histoire d'amour ! dit
maman. Quand nous nous sommes rencon-
trés, votre papa et moi, nous étions très jeunes, nous étions encore étudiants. Nous
sommes tombés amoureux en même temps.
Nous avons passé nos examens ensemble.
Nous sortions ensemble tous les jours. Nous
allions au cinéma ou dans un petit restau-
rant pas cher... Papa me faisait lire les livres
qu'il aimait et moi je l'emmenais voir des
expositions de peinture. Peu à peu, nous
nous sommes aperçus que nous ne pouvions
plus vivre l'un sans l'autre !
— C'était difficile de se quitter, le soir... dit
papa. Puis les vacances sont arrivées. Nous
devions partir chacun avec notre famille et,
la veille de cette séparation...

— Nous avons fait l'amour ensemble ! dit
maman.
— Et nous ne sommes pas partis en vacances ! Nous avons cherché et trouvé un
minuscule studio... Quel magnifique été !
— Et vos parents ? Qu'est-ce qu'ils
disaient ? demande Juliette, ravie par ces
confidences de papa et maman.
— Rien... Ou plutôt si, ils trouvaient que
nous étions trop jeunes pour nous marier !
— C'est pourtant ce que nous avons fait !
dit maman en riant. Et puis, tu es venu,
Pierrot...
— Si nous vous racontons cette histoire à
vous, dit papa, ce n'est pas pour éviter de
répondre à vos questions. Au contraire.

## Et si nous voulions un enfant ?

Tenez, voilà un dessin qui va vous montrer
comment on fait un enfant en faisant
l'amour. Qu'est-ce que vous voyez ?
— On voit un homme couché sur une
femme. Ils sont tout nus.
— Que remarquez-vous de spécial ?
— L'homme a mis son pénis dans le ventre
de la femme, dit Juliette.
— Il a dû passer par le... attendez le... le ?
— Le vagin ! s'écrie Pierre, ravi de s'en être
souvenu.
— Et alors... ? dit Juliette.
— Et alors, dit papa, un liquide est sorti du
pénis. On l'appelle le sperme, et le moment
où il se répand dans le vagin s'appelle l'éjaculation. Des milliers et des milliers de spermatozoïdes (ils sont si petits) ont nagé à la
rencontre de l'ovule et le premier arrivé a
gagné !
— C'est-à-dire qu'il a pénétré dans l'ovule
avant tous les autres et qu'ainsi le futur
bébé a commencé à se former.

Nous nous sommes aimés. Nous avons fait l'amour.

— Alors moi, dit Pierre, je viens d'un sper-matozoïde qui a gagné ?

— Mais oui ! fait papa en riant. Tu as gagné la course !

— Est-ce qu'il y a des ovules et des sperma-tozoïdes jaunes, dit Juliette qui pense à Lily.

— Ou noirs ? dit Pierre qui pense à son tour à Cyril.

— Pas du tout, nous sommes tous faits de la même façon et la couleur de la peau n'y change rien. D'ailleurs nous avons tous du sang rouge, que nous soyons jaunes, noirs, ou blancs...

Pierre et Juliette se taisent un moment. Il faut mettre en place toutes ces choses nou-velles qui se bousculent un peu, en désordre, dans leur tête.

— Il faut donc que l'homme pénètre dans la femme pour que le spermatozoïde trouve l'ovule ? Tout se passe à l'intérieur du corps ? insiste Pierre.

— Tu as compris.

— Et cela ne fait pas mal ? demande Juliette à maman.

— Pourquoi dis-tu cela, chérie ?

— Parce que... J'ai des camarades, à l'éco-les, qui ont eu peur... Elles se réveillent par-fois, la nuit... Elles disent qu'elles enten-dent leurs parents crier... Leurs grands frè-res ou leurs grandes sœurs disent que les parents font l'amour et que c'est pour ça qu'ils crient. Alors, je pense que ça doit faire un peu mal ?

— Au contraire, ma Juliette. Si l'on crie parfois, c'est de plaisir. Mais on peut aussi

Le développement du bébé dans l'utérus.

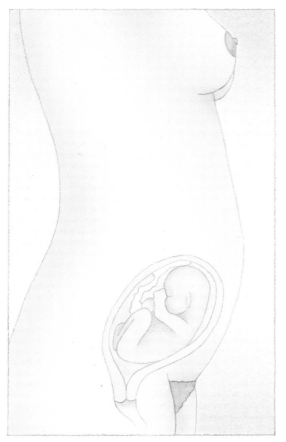

à 4 mois

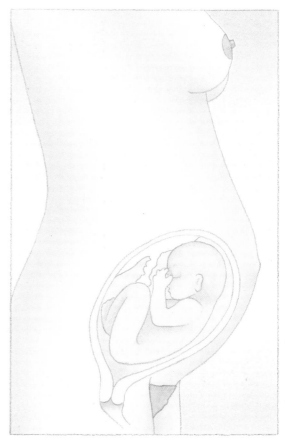

à 6 mois

faire l'amour sans bruit. Cela dépend de chacun de nous...

Les enfants dévisagent papa et maman qui viennent de leur apprendre ce qu'ils étaient bien incapables d'imaginer seuls. Ils savent enfin comment on fait l'amour.

Après un nouveau silence, les questions recommencent...

— On peut décider de faire l'amour rien que pour avoir un bébé ?

## On ne veut pas toujours un enfant !

— Oui. On peut aussi décider de le faire et refuser d'avoir un enfant. On prend alors des précautions. Regardez. Voilà la pilule, voilà un préservatif, voilà un diaphragme. La pilule empêche l'ovulation, le préservatif ou capote anglaise empêche l'écoulement du sperme à l'intérieur du vagin, le diaphragme bloque l'accès à l'utérus, donc empêche aussi la rencontre du spermatozoïde et de l'ovule.

Pierre regarde les dessins d'un air grave :

— Moi, je ne trouve pas ça bien, tous ces machins ! On fait l'amour mais on triche ?

— On ne triche pas si on ne désire pas avoir d'enfant, dit maman.

— On n'est pas obligée d'avoir un bébé à chaque fois que l'on fait l'amour... affirme tranquillement Juliette. D'abord est-ce qu'il

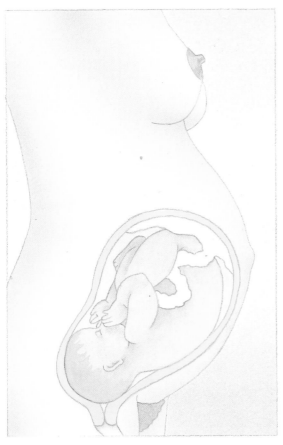

à 8 mois

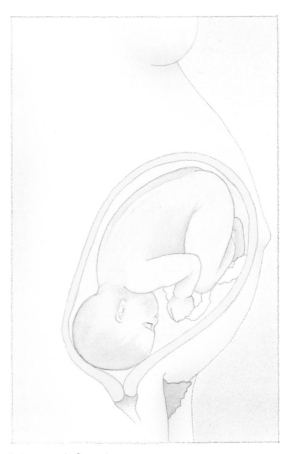

à terme, à 9 mois

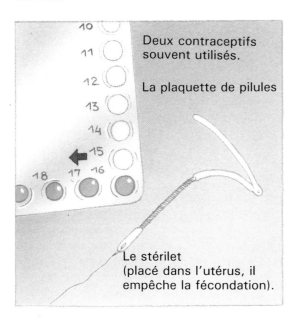

Deux contraceptifs souvent utilisés.

La plaquette de pilules

Le stérilet
(placé dans l'utérus, il empêche la fécondation).

faut obligatoirement s'aimer pour faire l'amour ?

— Non. Il y a des gens qui font l'amour pour le plaisir, sans s'aimer. Et puis il y a des couples qui ne veulent pas d'enfant. Si la femme est quand même enceinte, elle a le droit de se faire avorter dans certains pays, comme le nôtre. Vous avez vu une publicité à la télévision, non ?

— « Un enfant quand je veux » ? récite Juliette en riant.

— C'est cela, l'I.V.G. Ce sont les initiales pour « interruption volontaire de grossesse ».

— Vous deux, dit Pierre, vous le voulez ce nouveau bébé ?

— Oui.

— On peut savoir si ce sera un frère ou une sœur ?

— Pas encore. On pourra le savoir dans quelques mois peut-être, si le gynécologue m'examine avec un appareil spécial... dit maman. On saura aussi si ce seront des jumeaux !

— Des jumeaux ? souffle Juliette extasiée...

— C'est une possibilité, dit papa. Il peut arriver que deux ovules, au lieu d'un, soient pondus par l'ovaire. Ils seront fécondés par deux spermatozoïdes différents. On dit alors que les deux bébés sont des « faux » jumeaux...

Il peut aussi arriver qu'un ovule, une fois fécondé, se divise en deux ; ce sont les « vrais » jumeaux, nés du même œuf.

Juliette et Pierre regardent maman avec un autre regard...

Ils ont du mal à l'imaginer avec un gros ventre, mais ils sont tout à coup très heureux et apaisés. Ils commencent à l'attendre ce bébé, ou ces bébés, qu'importe !

— On doit être bien dans ton ventre, murmure Pierre.

— Le bébé flotte dans un liquide tiède. Il y fait sombre et doux.

— Comment fait-il pour grossir ? Il mange ?

— Bien sûr. Enfin, il ne mange pas comme toi ou comme Juliette ! dit papa. Mais il reçoit de maman tout ce dont il a besoin, grâce au cordon ombilical... Jusqu'à sa naissance, il ressemblera aux cosmonautes !

— Oui mais... quand on le coupe, ça fait mal ?

De faux jumeaux... et des vrais jumeaux, dans le ventre de leur maman.

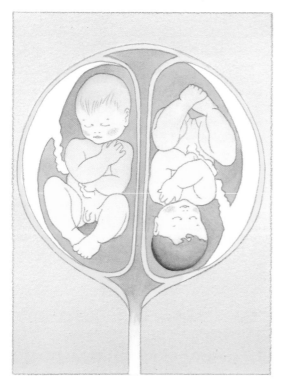
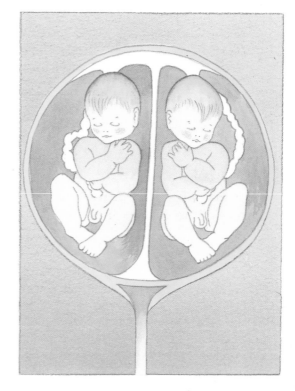

C'est la naissance !
La tête de l'enfant apparaît...

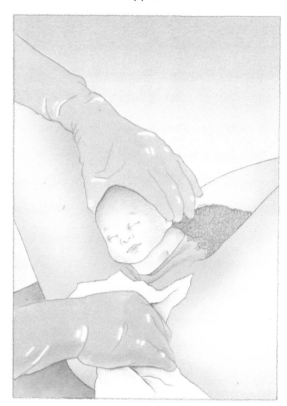

— Non, Juliette, rassure-toi.

Pierre fait un clin d'œil à sa sœur et dit :

— Juliette voudrait savoir comment se passe la naissance d'un bébé !

— La grossesse, c'est-à-dire tout le temps que met le fœtus à se développer...

— Le quoi ?

— C'est vrai, on a oublié de vous dire que le bébé dans le ventre de sa maman s'appelle un fœtus, dit papa. Après, quand il naît, on lui donne le nom de bébé.

— La grossesse, reprend maman, c'est tout le temps que met le fœtus à se développer dans l'utérus. Cela dure neuf mois environ. A ce moment-là, il remplit tout l'utérus. Il n'y a plus assez de place pour lui et il commence à pousser pour se dégager.

— Il est fatigué ? demande Juliette.

— Il a gardé la même position pendant tout ce temps ? demande Pierre.

— Le bébé s'est parfois retourné. On le sent très bien bouger.

## *La naissance*

C'est une sensation extraordinaire ! Quand il pousse, l'utérus commence à s'ouvrir. On dit alors que « le travail » de l'accouchement débute et la maman part pour la maternité.

— Il y a des médecins qui l'attendent ?

— Toute une équipe et moi ! dit papa. Je vous ai déjà dit que je vous avais vus naître.

— Le fœtus traverse le vagin, qui s'étire et s'élargit, car il a des parois très élastiques. Il achève son grand voyage et apparaît entre les jambes de sa maman...

— Qu'est-ce qu'on voit d'abord ? demande Pierre.

— Le plus souvent, c'est sa tête, sa grosse tête toute ronde. C'est la meilleure façon pour venir au monde...

— Il sent quelque chose ? Il a peur ?

— On ne sait pas. C'est une autre température qui règne à l'extérieur du ventre maternel, et une autre lumière... Les médecins l'aident à sortir. Il respire pour la première fois à l'air libre et il crie pour ouvrir ses poumons ! Après quelques secondes, on coupe le cordon ombilical qui le relie encore à sa maman.

— Et ça fait un trou ! dit Juliette.

— Le nombril est seulement la cicatrice qui nous reste, après cette coupure.

— Et toi maman, tu ne seras pas blessée ?

— Non, ma Juju. N'aie aucune crainte :

Le cordon ombilical, juste après la naissance, relie le nouveau-né à la mère.

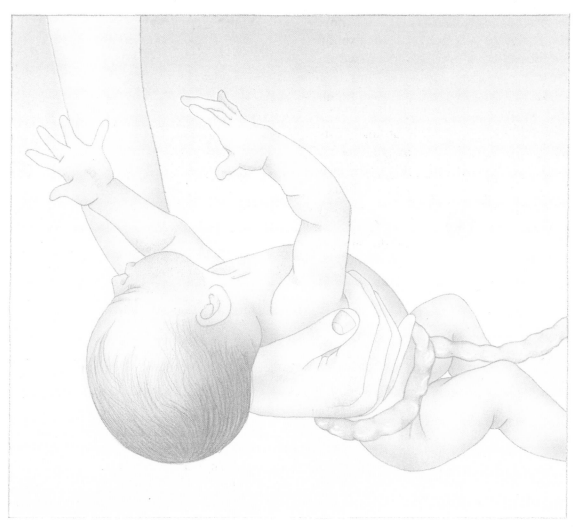

c'est une aventure magnifique de mettre un enfant au monde... C'est pourquoi j'ai envie de ce troisième enfant.

## Les règles...

— Et les « règles », maman, c'est quoi ? demande Juliette qui a de la suite dans les idées.

— Ce qu'on appelle les règles, c'est un léger saignement de l'utérus, qui dure quelques jours, tous les mois. C'est un cycle naturel, très régulier, d'où le mot « règle », qui suit le moment de l'ovulation. Si l'ovule n'a pas été fécondé par un spermatozoïde, la jeune fille ou la femme aura ses règles. Par contre, si les règles n'arrivent pas, pendant un ou deux mois, il est très probable qu'elle est enceinte.

Toi, ma Juliette, tu connaîtras ce cycle dans quelques années, comme toutes les petites filles du monde. Un peu plus tard, je t'expliquerai tout de ce mécanisme délicat, c'est promis !

Juliette et Pierre semblent avoir compris tout ce que leurs parents ont expliqué. Beaucoup d'interrogations ont trouvé leurs réponses. Pourtant, papa va au-devant d'une information restée dans l'ombre jusqu'ici...

— Est-ce qu'on vous a tout dit ? Est-ce qu'on n'a rien oublié ? demande-t-il.

— Ne soyez plus timides avec nous, insiste maman. Tous les enfants sont curieux de leur corps et de celui des autres. C'est naturel.

— Quand vous jouez « au docteur et à l'infirmière » avec vos petits copains, c'est bien pour essayer de voir comment vous êtes faits, non ?

— Mais on croit que c'est défendu, alors on se cache ! dit Pierre.

— Le petit enfant qui explore les corps de papa et de maman ne se cache pas, lui ! Il trouve même un grand plaisir à téter sa maman... Nous avons tous cinq sens, et il faut bien apprendre à goûter, à sentir, à toucher, comme à voir ou à entendre... Moi, ajoute maman, je comprends très bien que les garçons et les filles, ensemble ou séparément, cherchent à se connaître, en jouant !

## Le plaisir

— Il est même possible qu'ils y trouvent du plaisir, dit papa en souriant.

— C'est quoi, le plaisir ?

Les enfants se doutent que ce mot, employé tous les jours dans la conversation, a une autre signification. Ils connaissent bien le plaisir d'aller au cinéma, de regarder la télévision, de manger des bonbons, de jouer au ballon, le plaisir de faire plaisir aussi ! Mais ils sont soudain redevenus très attentifs, attendant la réponse...

— Le plaisir sexuel, dit maman, c'est celui que l'on ressent quand on fait l'amour avec un être qu'on aime, mais cela peut aussi être le plaisir que l'on se donne à soi-même.

— Ce plaisir-là, vous l'avez peut-être déjà ressenti en vous caressant, dit papa. On l'appelle aussi le « plaisir solitaire »...

— Ah... C'est donc ça ? dit Pierre, soulagé d'entendre papa en parler tranquillement.
Juliette ne dit rien, mais elle a un petit sourire en coin...

— Cela s'appelle la « masturbation ». Quand vous touchez votre propre corps, vous vous masturbez. Mais plus tard, vous allez tomber amoureux... de quelqu'un. Vous serez attirés par le corps de votre premier amour. Vous aurez envie de le caresser, comme vous avez caressé le vôtre...

— On ne se cachera plus et on s'embrassera dans la rue ou au cinéma, comme les grands ! affirme Pierre.
Maman éclate de rire.

— Ils se tiennent mal, dit Juliette, mais... je ne peux m'empêcher de les regarder !

— Ils sont à la recherche du plaisir sexuel qui ressemble à l'appétit ! Les hommes et les femmes éprouvent le désir de manger, de boire, de dormir, d'apprendre... L'appétit d'aimer est aussi fort. Mais l'amour se fait en privé. En public, on ne voit que le désir de séduire.

— Et quand on fait l'amour, le plaisir est multiplié par deux ?

— Multiplié et partagé, oui.

— Et les enfants ? Il reste encore de l'amour pour eux ? demande Juliette avec son sourire le plus charmeur...

— L'amour que nous éprouvons papa et moi, l'un pour l'autre, ne vous enlève rien, dit maman, bien au contraire !

— C'est de l'amour en plus, ajoute papa. Vous êtes rassurés ?

Juliette et Pierre hochent la tête. C'est oui.

— Je voudrais bien que Lili et Isabelle en sachent autant que moi maintenant... soupire Juliette.

— C'est simple. Tous les deux, vous n'avez qu'à dire à vos amis de ne plus avoir peur de poser des questions à leurs parents. Et alors, ils verront que les parents n'auront plus peur de leur répondre !

— Après tout, conclut papa en se levant, il me semble que les enfants ont bien le droit de savoir d'où ils viennent et comment ils sont nés ! Comment nous nous sommes aimés !

N° d'éditeur X 35079
Imprimé en Italie par Tipolitografia G. Canale & C. S.p.A. - Turin